Alma, corazón
y verso

Alma, corazón y verso

Francisco Jesús Caro Crespillo

EDICIONES PANGEA

Primera edición: octubre de 2025

Del texto: © Francisco Jesús Caro Crespillo

De esta edición: © Ediciones Pangea, 2025
41720 Los Palacios y Villafranca, Sevilla
www.edicionespangea.com

Edición al cuidado de José Peña Fierro
Diseño de cubierta: Adrián Elías Rangel Vanegas
Fotografía del autor: José Vicente Córdoba

ISBN: 979-13-990733-8-6
Depósito Legal: SE 2401-2025

Impresión: Ulzama Digital
Impreso en España / *Printed in Spain*

A mi madre

La Madre

Una madre es como un amanecer
que genera vida con su presencia,
porque ella sola es la luminiscencia
con toda la ternura en su poder.

Es la que escucha y sabe comprender,
la que más sabe de vida y esencia
sin tener que recurrir a la ciencia,
pues ella es pura fuente del saber.

La que nunca se cansa de esperar
entre alamedas negras de amargura
dibujando una tarde de ilusión.

En sus ojos no para de brillar
la luz de la vida más noble y pura
que resuena en su bello corazón.

Y en mi humilde canción
quiero ensalzar, con dulce sentimiento,
mi amor, en forma de agradecimiento.

Al ladito de la luna

A mi padre

Muy cerquita de la luna
conviven muchas estrellas,
y yo sé que, en una de ellas,
vive quien meció mi cuna.

Un correcto caballero
con elegante presencia,
y del que heredé su esencia
en el gremio camionero.

Yo quisiera ser tan bueno
como me cuentan que fue,
y por ello intentaré
copiar su temple sereno.

Es mi ángel y lucero
que me acompaña en mi día,
es la estrella que me guía
cuando pierdo mi sendero.

Me dejó su enorme herencia:
para mí, su gran legado,
el de ser muy respetado
con humildad y decencia.

Al ladito de la luna,
él se marchó muy temprano,
y en ese Cielo cercano
veo brillar mi fortuna.

El amor a mis niñas

Sinfonía de colores
y mi mejor melodía,
el amor de mis amores:
quienes me dan alegría.

Armonía de ilusiones
que al día le dan color,
musicando las canciones
que dan sentido al amor.

La luz de la amanecida,
el brillo crepuscular,
y en la tarde, oscurecida,
luceritos de la mar.

Es el amor a mis niñas
un regalo natural
que Dios dejó entre sus viñas
para sentirme especial.

Y tan especial me siento
que, con verlas sonreír,
ya no sabe el firmamento
si el alma va a resistir.

Es tan grande la emoción
contemplarlas tan felices
que no hay mejor canción
con tan hermosos matices.

Igual que las arboledas
prestas a sus floraciones,
ellas son como alamedas:
¡sinfonía de emociones!

Son como aires abrileños
esparciendo su azahar,
con sus semblantes risueños
por los montes y la mar.

Quererte, sin más

Solo deseo quererte
y así hacerte feliz,
nadando contracorriente
si eso te hace sonreír,
mas no me pidas la luna,
pues ella ya brilla en ti,
convirtiéndote en la estrella
que yo quise para mí.

Es quererte así, sin más,
lo que te vengo a decir,
con estos sencillos versos
que me huelen a jazmín,
pues te tengo muy presente
desde que te conocí,
y es sencillamente, amor,
lo que ensalza mi sentir.

Yo te quiero a mi manera
en noviembre y en abril,
cuando la luna está llena
o el cielo viste de gris;
aunque a veces no te tenga,
estando cerca de ti,

o no sepa comprender
cómo es amar y vivir.

Quiero que te sientas libre
cuando vueles junto a mí,
mientras el aire te atrape
en tu libertad sin fin:
¡que todo el amor se muera
si ya no te tengo aquí!,
pues esta vida la vivo
para hacerte muy feliz.

Defendiendo la pureza

Solo quiero defender,
con el alma como espada,
la pureza abandonada
al amargo atardecer;
con la magia y el poder
que mi poema reclama,
pues ella es mi dulce dama
que a mi vida da sentido,
aunque me encuentre perdido
en la rima asonantada.

En esta humilde espinela
o en un soneto mayor,
es un gozo y un honor
ser su humilde centinela,
protegiendo su tutela
de aquella deslealtad
que, con desdén y maldad,
la dejan desamparada,
malherida y marchitada
con total impunidad.

Quiero cuidar su pureza
con silvas arromanzadas
y liras enamoradas
que invocan, con su belleza,
la miseria y la grandeza
que ilustran, con devoción,
respeto y dedicación
la realidad vivida,
y con el alma partida
cuando sufre la traición.

Quienes infringen la norma
de realzar la belleza
del poema y su grandeza,
reventando la gran horma,
que al verso le da su forma
sin mediar explicación,
no merecen la atención
de quien de verdad la quiere
y con amor le confiere:
poesía con pasión.

A quien roba y miente

Vivo en un mundo envidioso,
acelerado, estresante,
endiablado y delirante,
totalmente malicioso,
arrogante y rencoroso
donde ya no hay valores,
dignos de grandes honores:
un bendito «por favor»
o aquel «disculpe, señor»:
¿podríamos ser mejores?

El gobernante nos miente
y nos gusta su mentira,
pues vivimos con la ira
que adoctrina, sutilmente,
esta infamia recurrente
que nos tiene ensimismados,
sumisos y aborregados
entre la inquina y el miedo,
tergiversando su credo
con escaños regalados.

Configura nuestra vida
destrozando nuestro sueño
y creyendo ser el dueño

de quien gana su comida,
con la fuerza desmedida
para vivir dignamente.
Y yo pienso, honestamente,
en esa oportunidad,
de quitarle impunidad
a quien nos roba y nos miente.

Baja del pedestal

Baja de ese pedestal
en el que vives colgado,
porque lo has deshonrado
con la traición más letal:
hacer legal lo ilegal
con inmundicia y descaro;
pues queda en el desamparo
el gran Pueblo soberano,
que reniega de tu mano
por mentiroso y avaro.

Esa nube de algodón
en la que vives, cegado,
por el ego endemoniado
y pertinaz obsesión
por seguir en el «sillón»
de amargado narcisista,
se esfumará de tu vista
cuando el Pueblo, de una vez,
actúe con sensatez
si quiere ser «progresista».

Del lado «conservador»
veo poca diferencia,
pues juegan con insolencia
en un tono embaucador,
pero poco alentador
que mejore nuestra vida,
tan maltrecha y malherida
por la carente gestión
de la ausente oposición
y arrogancia parecida.

Propongamos soluciones
que acaben con la codicia,
la maldad y la injusticia:
unamos los corazones
sin egos ni distinciones,
con respeto y dignidad,
y buscando la unidad
con sus nobles pensamientos,
forjaremos los cimientos
de la ansiada libertad.

Vida

Tienes la virtud de darme energía,
el don de la valentía y la lucha,
la paciencia a quien, amable,me escucha
con el entusiasmo de la ilusión.
Gozas del dulce aroma inconfundible
del más rico y sabroso amanecer,
que llena de colores mi querer
escoltado de auténtica pasión.

Eres luz cegadora en el camino,
el color de la pena y la alegría,
la estrella que danza en la serranía
para ocultar al cielo mi dolor.
Eres la musa de un viejo poeta,
que cada día le acaricia el alma,
para inspirar sus versos con la calma
y emerjas viva, con fuerza y honor.

La infancia

Quisiera, por un momento,
volver a mi vieja infancia
y quedarme sin aliento,
mientras juego en mi ignorancia
a ser libre, como el viento.

Quisiera, por un instante,
volver a aquella azotea
y ser, de nuevo, el infante
que este sueño saborea
de aquel tiempo emocionante.

Recordando mi niñez,
no me olvido de sus ojos,
de su brillo, su honradez,
y dando amor por manojos
a pesar de la escasez.

Aquella inmensa sonrisa,
a pesar de los pesares,
me enseñó una gran premisa:
que en los grandes avatares
navega la misma brisa.

Es un tiempo sin igual
lleno de magia inocente,
donde gana lo irreal
viviendo siempre un presente
que nunca tiene final.

Si yo pudiera volver,
tan solo por un instante,
quisiera otra vez poder
decirle a mi aquel infante
que nunca vaya a crecer.

Regalando versos

Vengo regalando versos
a quienes me quieran leer,
estos mensajes diversos
fáciles de comprender.

Vengo regalando sueños
a quienes quieran soñar
con ser los mejores dueños
de su propio despertar.

Voy jugando con los versos
para poderte servir
en los grandes universos
que te animen a seguir.

A seguir en esta vida
a veces cruel y gentil,
pero única y distinguida
en este planeta hostil.

Por eso es mi fantasía
regalar todo mi sueño,
entre rima y melodía
para un futuro halagüeño.

Vengo regando de versos
los renglones del cantar,
para que vuelen dispersos
por los cielos de la mar.

Soneto del demonio

El demonio devora el pensamiento
de mis sueños, demasiado cansados.
Aniquila los tiempos desolados
que yacen mustios por el sufrimiento.

En su despreciable entretenimiento
ambiciona unos juegos tan malvados,
que disfruta viéndonos enfrentados
para su peculiar divertimento.

No creo que exista alguna criatura
que disfrute haciéndonos tanto daño
destruyendo el alma y el corazón,

jugando, con arrogancia, al engaño,
de quienes cincelamos, con mesura,
un mundo en convivencia y de ilusión.

Muertos en vida

Bajo el Cielo de este mundo,
veo tanta hipocresía
que ya no me asustaría
para ver que, en un segundo,
se ahogue en lo más profundo
toda honorabilidad,
encumbrando la maldad
para llegar al poder,
aunque se deje vencer
por la zafia falsedad.

Me parece bochornoso
que se pueda ser capaz
de abrazar, de forma audaz,
al depravado escabroso
que estrangula, minucioso,
la honorable dignidad
de quien, con dificultad,
paga religiosamente
lo que le impone el demente
para su gran libertad.

¡Salgamos, pues, a la calle
a gritar con tanta fuerza,
que nuestro abucheo ejerza

hasta el máximo detalle!;
lo que el monte enseña al valle
viviendo en plena armonía,
sin robos ni tiranía
en un remanso de paz,
pues nos demuestra en su faz
lo que es la Soberanía.

...

Bajo el cielo de este mundo
solo veo hipocresía,
una infame burguesía
y a mi Pueblo, moribundo.

A Miguel Hernández

La sangre recorre el mundo
enjaulada, insatisfecha.
Las flores se desvanecen
devoradas por la hierba.
Ansias de matar invaden
el fondo de la azucena.

Querer, querer, querer:
esa fue mi corona, esa es.

MIGUEL HERNÁNDEZ

Tus nanas en las trincheras
por la libertad luchaban,
entre trigales y rimas;
mansedumbre derramada
en tus poemas de amor,
por la noble paz soñada.
Tus «nanas de la cebolla»,
que es «hielo negro y escarcha»,
siguen siendo fiel ejemplo
de tristeza desolada,
del hambre y el sufrimiento:
«los besos serán mañana».

Umbrío vas, con la pena,
en tus sonetos del alma
que en tus tristezas recoges
las flores de telarañas;
que tu voz siga en los montes,
baje y truene en tu garganta
entre versos, trigo y flores,
esa libertad soñada.
No, no hay cárcel para el hombre
que quiera liberar su alma,
como el amor del poeta
de la rima ensangrentada.

...

En versos de amor, valientes,
con dulzura, alma y bondad,
siempre quedarán presentes:
democracia y libertad.

El camionero poeta

Concéntrate, camionero,
evita cualquier despiste
que te arruine la partida,
porque eres tú el pasajero
de ese viaje que escogiste
para mejorar tu vida.

Quieres ser como tu padre,
profesional intachable,
honesto y hombre de bien.
Y que, gracias a tu madre,
trabajadora incansable
tu educación es de cien.

Tu ruta se diferencia
por sus paisajes diversos,
entre campo y carretera
donde, además, con paciencia,
vas componiendo tus versos
con sabor a primavera.

Es tu destino un poema
bien cargado de mensajes,
soñando con la utopía
de una sociedad suprema,
más bella que los paisajes
que forman la serranía.

Sigue por esos lugares
donde el tiempo se detiene,
y yerguen las amapolas
soñando cielos y mares,
para que el verso resuene
por las rutas españolas.

Concéntrate, compañero,
conduce y ve con cuidado
que la vida no es urgente;
tú que fuiste costalero,
de andar lento y racheado,
sabes bien cómo ir de frente.

Y, además, sigue escribiendo
esa rima tan hermosa
que tienes en propiedad,
porque el verso va diciendo
que, entre carretera y prosa,
gozas de gran libertad.

Los genios no mueren

A Jesús Quintero

Debería hacer frío, o estar lloviendo,
pero es un día triste de calor;
el campo andaluz sucumbe al horror
de este clima endiablado que no entiendo.

Mas no comprendo que estén despidiendo
al último noble y gran defensor
de la palabra culta, con honor,
y la verdad elegante diciendo:

«Lo que hace falta es que nos apreciemos
y respetemos nuestras diferencias».
Siendo el silencio su mejor aliado,

creo que con el tiempo aprenderemos
a vivir con las mayores esencias,
dignas de un tiempo culto y disfrutado.

Al maestro Julio

Se marchó luchando por la utopía
como un gran guerrero solidario,
que respetando siempre al adversario
plasmó un mensaje de categoría.

En esa lucha, solo se quedaría,
pero como buen revolucionario,
prefirió combatir en solitario
y quitar la venda a la mayoría.

La venda que deja ciega a la gente
que se niega en su propia reconquista,
viviendo alocados la *dolce vita*.

Será para mí, siempre un referente,
aunque yo no me sienta comunista,
y en el recuerdo está don Julio Anguita.

Inmortal

A Paco Toronjo en la memoria

El *quejío* de tu llanto
en Alosno es inmortal,
y en el Andévalo verde,
grabado se quedará
el eco de tu fandango
que es pureza natural.

El desgarro de tu vida
tan cruel y descomunal
con emoción lo llevaste
al flamenco universal,
para que el mundo sintiera
la *jondura* de verdad.

Vuela surcando los vientos
ese fandango mundial
con torería rebelde,
salobre como la mar,
desde Alosno hacia los montes,
de la Sierra al litoral.

En los versos del poeta
la vida se ha de parar,
como en la rama el vencejo
se agarra y se echa a cantar,
para que se pare el tiempo
con tu cante sin igual.

Un desafío constante
hacia los aires del mal,
que agarrado a una silla
al Cielo haces temblar,
con tu poema *sentío*
y tu apellido inmortal.

¡Viva el fandango alosnero!,
con pellizco y con verdad.
¡Viva el color de su Cielo!,
con aromas de la mar.
¡Y viva el rey del fandango!:
el que nunca morirá.

¿Eres el amor?

¿No eres el jardín de rosas
que endulzas esos caminos,
con sus hadas fabulosas
y sus hechizos divinos?

¿No haces las noches hermosas
con susurro de los trinos,
sus estrellas luminosas
dando brillo a los destinos?

¿Acaso eres tú el calor
que a las raíces da vida,
para que emerja la flor bella,
esbelta y colorida?

¿Eres el brillo en sus ojos?
¿Su sonrisa encantadora?
¿El final de mis abrojos?
¿O es el alma abrasadora?

¿Acaso eres la pureza
que en mí provoca rubor?
Dime, entonces, con franqueza:
¿acaso eres tú el amor?

¿Vocación?

¿Quién habló de vocación
para servir a su Pueblo?,
si lo primero que amueblo
es codicia y ambición
por alcanzar un «sillón»
que a «mi panza» tranquilice,
aunque para ello utilice
la mentira y falsedad,
la soberbia, la maldad,
que su propio ego bendice.

¿Para qué tanto dinero?,
¿y por qué esa gran riqueza
 a costa de la nobleza
y el esfuerzo del obrero?
¿Para cuándo alguien sincero
que acuda con la verdad,
y obre con honestidad
sin arruinarnos la vida
que tenemos merecida
con honor y dignidad?

¿Dónde tienes tu memoria,
España de mis desvelos?
Dime: ¿qué tupidos velos

se ciernen sobre tu gloria
para enterrar a tu Historia?
¡Levántate, Patria, y grita
contra esta tropa maldita
de vileza y perversión
que quiere tu destrucción
hasta verte finiquita!

¿Por qué vivir atrapados
en su manipulación?,
pues ni quieren soluciones
ni quitar a depravados,
que nos tienen atontados
con discursos indolentes,
vacíos y deficientes.
En estos versos quisiera
conseguir, a mi manera,
libertad en vuestras mentes.

¿Y si nos unimos?

Mal viviremos si con ese apestado odio inducido,
por un hambriento enjambre de parásitos ambiciosos,
utilizando un rencor inventado, estoy convencido,
consiguiendo enfrentarnos, como si fuésemos mocosos,
para así lograr su objetivo, de sobra conocido.

Unos que se creen de izquierdas se desviven atacando
a otros que no dudan ser de la derecha necesaria,
frente a los que se hacen llamar centristas, asegurando
ser la adecuada fuerza democrática solidaria,
que viene a regenerar lo que se está degenerando.

Dice el lobo disfrazado que él es cazador honrado,
para que siempre te sientas protegido y tranquilo,
con su agria palabrería de verbo desgastado,
incentivando el enfrentamiento y, así, tenerte en vilo
y mantenerte suyo, como un borrego maniatado.

¿No te parece, querido amigo y adversario de ideas,
que puede ser en este, tenso, rudo y amargo momento,
de exigirles en su conjunto que hagan bien sus tareas?,
para que sepan que este Pueblo, unido en el sentimiento,
es capaz de vivir en paz, sin tormentas ni mareas.

¿Por qué no cunde el maravilloso y ansiado gran ejemplo
de ser el más grande, libre y unido, Pueblo soberano?
Es en este instante, una buena solución que contemplo,
en la Tierra multicultural del camarada y hermano,
para expulsar, así, a los fariseos de nuestro «Templo».

Del tráfico y la insolencia

Siempre que salgo a la calle,
me choco con la insolencia
del que surca la impaciencia
cuando sale a conducir.
Pues es toda una odisea
salir a dar un paseo,
cuando están en su apogeo
los que salen a rugir.

Todos piensan una cosa:
quieren pasar los primeros,
pilotando sus veleros
hacia los mares del fin,
ignorando las señales,
contaminando el paisaje
con soberbia, ira y malaje,
y su indiferencia ruin.

Y la flota va creciendo
más robusta y persistente,
mas de respeto carente
quienes van a conducir,
con la arrogancia salvaje
de los malos conductores,

creyéndose los señores
de esta forma de vivir.

...

¡Cuando paseo, de noche,
ya no veo un adoquín!
Mucho bache y mucho coche
y la insolencia más ruin.

La sabiduría del campo

Amanece fresco el campo
esperando su labranza,
entre los surcos del tiempo
donde se siembra el mañana.

Amanece un aire nuevo
con arrullos de esperanza,
sobre la calma del campo
que en silencio nos aguarda.

En nuestras fértiles tierras
nace la vida soñada,
la que vamos destruyendo
por culpa de la arrogancia.

Trigo o maíz son la vida
que en la tierra se levantan,
humildes sus testimonios
con amanecidas blancas.

Blanquecino amanecer
del invierno y sus heladas,
que cubren de un albo manto
nuestra tierra cultivada.

Así nos vence la vida
con la avaricia quemada,
de corazones distantes
y el frío en las miradas.

Y ganará la partida
la negra muerte malvada,
que espera pacientemente
tu cosecha terminada.

Porque de aquello sembrado
florecen, recompensadas,
la grandeza de la vida
y la pureza del alma.

Tiempo para vivir

¿Por qué vives con premura
si no sabes si has llegado?
Y aun habiendo terminado,
¿de qué sirve la locura,
de vivir siempre angustiado?

Ve tranquilo, sosegado,
hasta que el tique confirme
que, andando con paso firme,
el viaje ha finalizado
y la llegada lo afirme.

Si el pensamiento es sereno,
curtido y bien meditado,
jamás habrás maltratado
a ese corazón tan pleno
de respeto cultivado.

Y si esa luz se ha apagado
apresúrate a encenderla,
que el sentir es tu gran perla,
y el Cielo te habrás ganado
por llegar a conocerla.

Y a fuego de amor templado
forja un andar de suspiro,
como si fuese un zafiro
tu poema enarbolado
por el que siempre te admiro.

Te lo digo en verso

Esto que te digo en verso
no es solamente un cantar,
es un dulce caminar
por este mundo diverso,
algunas veces perverso,
otras, brisa celestial
o dulzura matinal
que le da sabor al cielo,
buscando el color que anhelo
en un mundo colosal.

Esta extraña sociedad
que vive en un agrio estrés
y amargo desinterés
por la honorabilidad
sufre una áspera ansiedad
por llegar pronto y ganar
lo que no podrá comprar
ni con oro ni dinero,
porque el amor más sincero
se consigue sin pagar.

Y ¿qué es el amor?, pregunto:
esto que en verso te digo,
con respeto y como amigo

y a continuación te adjunto:
alma y estrella en conjunto
conforman una ilusión
que esparcen, con pasión,
paz, sonrisas, alegrías,
sabores y melodías
que agradan al corazón.

Los otoños

La tarde se va durmiendo
al calor del aguacero,
entre el páramo hechicero
y nuestro otoño naciendo.
Anocheceres lloviendo
con su gris amanecida
que entristece, sin medida,
los fulgores de la luna:
pues queremos la fortuna
de darle brillo a la vida.

Los caminos empapados
nos regalan la frescura,
el aroma y la dulzura
de los campos agraciados,
que el agua deja regados
con las lluvias torrenciales;
fuente de vida a raudales
que alegrará el corazón,
del que espera el chaparrón
de las nubes otoñales.

Los otoños son dorados,
con sus noches encendidas
y sus tardes parecidas
a los inviernos, cargados
de tormentas y tornados.
Los otoños son hogueras
en las miradas primeras,
de los corazones tiernos
que adormecen los inviernos
y abrazan las primaveras.

...

Los otoños son canciones
con acordes de crueldad
y la amarga austeridad
que anida en los corazones
del que vive en soledad.

Amor

¿Qué es el verso sin su flor?:
por muy cursi que parezca,
es la nada sin amor
condenado a que perezca.

...

¿Qué es para el verso la flor?
    Amor.

Y ¿qué siente quien lo apura?
    Dulzura.

Y ¿qué se halla en su belleza?
    Pureza.

Cuando escribo con torpeza
o me falta inspiración,
imploro a mi corazón
amor, dulzura y pureza.

...

Al observar su semblante,
llega un sensible temblor
con luminosa extrañeza
que acelera el corazón
con aromas de azucena
y un delicado sabor,
entre azúcar y canela
que cubre mi alrededor.

Si está presente su ausencia,
busco el perfume en la flor
para aliviar la ceguera
que en mis ojos provocó,
eso que dejó en mi mente,
su silueta y su canción,
para que recuerde siempre
su dulce y bello candor.

Es el brillo y es la sombra
en nuestro blanco fulgor,
es el día y es la noche
y el eterno resplandor,
es la rabia y la paciencia
porque es todo corazón,
es un dulce viaje al alma
al que yo le llamo ¡Amor!

Mi poesía

Es clásica mi poesía
con pureza y melodía.

...

Lo que mi alma va sintiendo
con mensaje y armonía,
para que sigas sonriendo.

...

Es clásica mi poesía
de delicada pureza,
con respeto y cortesía
para ensalzar su belleza.

...

Es mi verso una escalada
con los suspiros coquetos,
y pensamientos concretos
de un alma desangelada.

...

Es mi corazón inquieto
un mar de versos y rimas,
conjugando, con respeto,
el amor y las estimas
de mi corazón completo.

...

Son mis versos la proeza
de este humilde servidor
con escasa formación
para exaltar la belleza
que exhala la bella flor
y llegar al corazón.

...

En el gran mundo del verso
lo clásico es lo mejor,
porque es el arte mayor
con su estamento diverso,
que traspasa el universo
para alcanzar la razón,
con verdad y admiración
que el alma te hace sentir,
y en la paz, poder vivir,
acorde a mi corazón.

...

Es la poesía un cuadro admirable
como el más parecido autorretrato,
pues en ella se expresa el gran relato
que en el corazón se guarda entrañable.

Es la ilusión de este poeta afable
lanzar su humilde y sentido alegato,
para que este mundo sea sensato,
respetuoso, educado y agradable.

Y vivir la vida como un poema
dedicado a la belleza y la flor,
la armonía social y la razón.

Es la poesía clásica el lema
de este sencillo versificador,
entregando el alma y el corazón.

Primavera

Sabes que espero impaciente
ese elixir que marea,
que me emborracha hasta el alma
y que enciende las lumbreras
del que se esconde del frío
porque teme a las tinieblas
del amargo y duro invierno,
de granizos y tormentas
que deprimen con agravio
el dolor de los poetas,
que quieren sentirte pronto
en la brisa marinera,
en el candor de los cielos
y en el frescor de la hierba.

Sabes que espero impaciente
tu luz, con alma viajera,
para que me lleve al sur
a hundir mis pies en la arena
de sus infinitas playas,
de brisa salobre y fresca;
o me suba a la montaña

para respirar la sierra,
jardín de la tierra mía,
donde lucen pintorescas
la hermosura de las flores,
con su aroma y su grandeza
entre lirios y amapolas,
y un gran cielo por bandera.

Porque te espero impaciente,
altiva, alegre y risueña,
a veces fría, llorosa,
dando vida a las dehesas,
a los valles, a los ríos,
resucitando riberas,
regalando colorido
con alegría, sin penas,
desgranando las pasiones
por caminos y veredas;
mi diva y mi fiel amante,
mi adorada Dulcinea
que me llena de esperanza,
mi amiga, ¡la primavera!

Tiempo

La noche busca su paz,
la mañana, su alegría,
pasa la vida fugaz
con luz de melancolía.

Quiere mi niña jugar
con gozo y algarabía,
como una estrella de mar
entre olas de mar bravía.

Un tictac muy molestoso
que parece barruntar
un mal final tormentoso
que a mí me invita a pensar.

A ese pensar me refiero,
porque es un ave rapaz,
endiablado y traicionero
que nunca te deja en paz.

El suspiro de algún monte
que a la tierra hace temblar,
más allá del horizonte
entre el cielo azul y el mar.

Es el tiempo, amigo mío,
juez y enemigo a la par,
te roba lo que has *vivío*
y te pone en tu lugar.

A un almendro

Deseo verte con tus blancas flores
ofreciendo belleza y fresca sombra,
sobre la tupida y espesa alfombra
que la hierba extiende a tus alrededores.

Oír el trino de los ruiseñores
con ese eco que en tus ramas asombra
al latido que mi corazón nombra
cuando mi alma percibe tus colores.

Cielo azul, verde rama, blanca flor
que adornará tu limpio amanecer,
para cuidar nuestra Naturaleza

que te colmará de gran fortaleza
para que yo pueda verte crecer,
y hacer del mundo un planeta mejor.

Que tu verde color
pueda ser el remanso del mañana
en una gran sociedad más humana.

A vueltas con la danza

Es la danza una expresión
que alcanza lo más sublime
de quien el sentir esgrime
con su alma y su corazón,
el desgarro con pasión
que el verso quiere imprimir,
pero no puede escribir:
que el sol desgrana belleza
y la lluvia es la pureza
del duende de su existir.

La luz que el flamenco emana
cuando solo baila el alma,
embriagada en fuerza y calma
la tiñe el alba gitana
con bronces de la mañana.
Esa luz crepuscular
que cruje el alma al cantar
es pintada de oro noble
cuando ese tacón redoble,
el flamenco de ultramar.

Cada brazo pinta un lienzo
tan difícil de explicar
que en el aire va a quedar
el resurgir de un comienzo,
como estos versos que trenzo
para darle explicación
a la voz del corazón
cuando bailan con franqueza
los reyes de la pureza
y el flamenco con pasión.

Como cualquier sentimiento,
es pena y es alegría,
pura magia y fantasía;
traspasa el entendimiento,
la razón y el sufrimiento;
repara cualquier dolor
con gallardía y honor,
navegando entre los cielos
con el mejor de los vuelos,
abrazándose al amor.

Alma somos

Somos un grano de arena
de una altísima montaña,
en la inmensa cordillera
del agua viva y serrana;
una gotita de lluvia,
en una tormenta amarga
que oscurece el firmamento
hasta que por fin se marcha
y luce de nuevo el sol,
brillando en sus flores blancas.

Somos una fina sombra
de realidad soñada,
una gota de vapor
que el aire difuminara,
al cortar la bella flor
que del tallo separabas,
para así oler su fragancia
hasta quedar marchitada,
dejando triste el jardín
que orgulloso la mostraba.

Somos un alga en el mar,
una lejana pisada,
una fugaz ilusión,

un suspiro en la Alcazaba
que no parece importar
a quienes por allí pasan.
Somos lágrima en un beso
de una sonrisa apagada,
un te quiero en el adiós.
Somos poco más que un alma.

Deja que te cuente

Deja que te cuente un cuento
de mentiras y verdades,
del hombre y sus vanidades,
con mi osado atrevimiento
y parar, por un momento,
en lo que quiero contarte:
la verdad es un baluarte
pues la mentira incinera
la honestidad verdadera,
y se alza como estandarte.

Estandarte entronizado
que defiende una verdad,
con tal naturalidad
que me siento avergonzado,
y sobre todo indignado
por tan cruel conspiración,
contra el noble corazón
tan confiado e inocente
que no espera que la gente
tenga mala condición.

¿Qué quiere la honestidad?
Verdad.
Y ¿qué esperas si prometo?
Respeto.
¿Qué requiere la inmundicia?
Justicia.
Si un gobierno con malicia
la falsedad ejercita,
nuestro Pueblo necesita
verdad, respeto y justicia.

Bienvenida, locura

Dicen que en las nubes vivo,
que ando siempre a las estrellas
musitando
un buen verso curativo
para hablar siempre con ellas,
musicando.

Cada día me despierto,
a buscar mi nuevo cielo
despejado;
con un despertar incierto
me levanto y me rebelo
enojado,

por eso busco en los versos
un aire fresco, cálido
y sereno;
para que, en tiempos adversos,
sea un momento válido
y más bueno.

Pensad que en las nubes vivo,
que sigo entre las estrellas
delirando,
pues yo, en mi noble cultivo
de endulzar las vidas bellas,
sigo al mando.

Como el fresno y la flor

Crece lozana la flor
porque el sol le da la vida,
y con su brillo la cuida
hidratándola de amor,
pureza, aroma y vigor;
y con el agua a sus pies
abona vida al ciprés,
para ensalzar su hermosura
enredada en la dulzura:
y todo, sin interés.

Una sombra encantadora
ofrece aquel fresno viejo,
que es su presencia un reflejo
de la estancia que atesora,
su aventura arrolladora
con el correr de los vientos,
que endurecen los sarmientos
aunque se caigan sus hojas,
quedando sus ramas flojas
y mustios sus filamentos.

Ser como el fresno y la flor
para vivir sin complejos,
como los vinos añejos

que mejoran su sabor;
y yerguen sombras de amor
a pesar de la dureza,
y falta de gentileza
que el duro rencor provoca:
endulcemos la agria roca
con el alma y su pureza.

A la buena música

Es la musa de la vida,
buena amiga de escritores
suavizando los horrores,
siendo a veces divertida
y siempre tan atrevida,
la hija de un compositor
y la novia de un cantor
cuando salen a cantarle
que al aire van a besarle,
la dulzura del amor.

Patrimonio inmaterial
que desconoce el humano
sin saber que, de la mano,
llega a ser tan señorial
como humilde y primordial
gozando en diversidad,
honor y cordialidad
defendiendo su nobleza
con exultante belleza,
pureza y divinidad.

Melodía en el poeta
que inspira su poesía
para rendir pleitesía

con estrofas de violeta
a su adorada «novieta»,
ajustando a su medida
con sinfonía encendida,
recitando con dulzura,
siendo musa en la cultura.
¡La música es... nuestra vida!

La gaviota y el mar

Eres sueño y libertad
surcando todos los mares,
entre el blanco amanecer
y atardeceres juglares,
bajo los cielos azules
que acarician tu plumaje,
para que sigas volando
buscando tus libertades,
entre horizontes lejanos
y crepúsculos afables.

Eres la luz de la paz
y la reina de las aves;
eres dueña de la mar,
mi gaviota inalcanzable.
Admiro tu libertad
en tu vuelo alto y salvaje.
¡Ay!, gaviota gaditana,
si tú tuvieras la llave
que abriera el azul del mar
y acercarme a los corales.

Lluvia

El campo espera tu agüilla,
con desbordada impaciencia
para recibir la trilla
y plantarlo de clemencia,
para que nazca la vida
y dejarte como herencia
ese fruto que convida,
que renace con paciencia,
del árbol que nos cobija
abrigando la conciencia,
del labrador que se exija
a mantener su excelencia.
Por eso espero que sigas
con tu sublime cadencia,
que acerques tus bellas divas
y dejen con vehemencia
esa lluvia pura y limpia
que al campo llenas de esencia.

Ovillejo del desamor

Te impide llegar al podio,
      odio.
Si a los ojos no te mira,
      mentira.
Si enaltece algún error,
      rencor.
Cuando llegue el desamor
amparado en la rutina,
verás cómo se aglutina
odio, mentira y rencor.

Pensamiento y quimera

Bajo este bendito sol
desbordante de alegría,
quiero brindarte un mensaje
con mi humilde y torpe rima,
y poder decirte en verso
lo que el corazón me dicta,
para una vida mejor,
soñando con la utopía.

Bajo este bendito cielo
que azulea nuestras vidas,
quiero brindarte mi sueño,
con una dulce sonrisa
que le dé blancura al alma,
igual que la amanecida,
que, con su rocío, al alba,
a las flores purifica.

Sigue vivo mi deseo
de ponderar la alegría,
que impere siempre el respeto
al calor de nuestras vidas;
que entre soneto y romance
halle amor la buena rima,
y nunca nos falte el agua
que sacie al alma bendita.

Que nunca falte una mesa
con su plato de comida;
que llueva a gusto de todos
para la Tierra divina;
que se encienda el firmamento
de lumbreras infinitas
que nos guíen para siempre
por los campos de la vida.

¡COVID MALDITO!

Ánimo

Nunca os rindáis, por favor,
porque aquí os necesitamos,
bien seguros y dispuestos
a que nos sigáis salvando
de este virus tan terrible,
que nos tiene refrenados
de sonrisas, de miradas
y sueños arrebatados.

No nos dejéis, por favor,
porque en vosotros confiamos;
sois guerreros solidarios
que os enfrentáis sin descanso
a tan horrible tragedia
donde, dicho sea de paso,
adversarios y verdugos
parecen ir de la mano.

Que nadie baje los brazos
aunque os sintáis maltratados
por la vil inoperancia
del ignorante y tirano,
ensuciando vuestro nombre
que el esfuerzo os ha otorgado,
con vocación admirable
de grandes seres humanos.

Nunca bajéis vuestros brazos
ni os sintáis amordazados,
pues nadie habrá quien os calle
cuando todo haya acabado,
y el mundo entero conozca
que vosotros sois los amos
en lo que a ciencia refiere
y, en la esperanza, vivamos.

Confusos

Y seguimos confundidos
con este virus matón,
de malvada condición
que nos tiene sorprendidos,
y aunque estemos protegidos
sigamos con gran cautela,
sirviendo, de buena escuela,
cumpliendo con voluntad
y responsabilidad
el remedio que lo expela.

Seamos muy cautelosos
con el nuevo devenir,
y poder sobrevivir
siendo los más cuidadosos,
y quedar maravillosos
con nuestra mejor versión,
respeto y educación
con nuestras gentes cercanas,
a los que ya peinan canas
con máxima admiración.

¡Que no nos confundan más!,
y callen los intereses,
que solo pasan los meses
pensando en algún «quizás
vuelva aquel viejo compás»,
que pellizcaba con calma
y se llevaban la palma
con arte y categoría,
solera y sabiduría
colmando de amor el alma.

Que se calle el interés
y deje hablar a la ciencia,
porque ella, con su conciencia,
te explicará sin clichés
que este virus descortés
nos ataca sin razón;
y tenemos solución
si vivimos con cautela,
siendo el mejor centinela
con nuestro buen corazón.

Humilde homenaje

Los abuelos confinados
y los peques en el cole;
esto se merece un ¡ole!
y ser homenajeados
por ser tan disciplinados
en tan difícil momento
con enorme descontento
por no disfrutar la tarde
con el nieto que lo aguarde
con sonrisa y sentimiento.

Vaya mi humilde homenaje
al personal sanitario
que, aun cansado, sigue a diario,
con vocación y coraje,
atendiendo al que es malaje
con una misma pasión
que al que viene con razón
a que le curen sus males;
siendo personas normales,
héroes de corazón.

Y mi reconocimiento
que sea humilde y sincero
al policía y al bombero,

por su esfuerzo y sufrimiento
al cuidarnos del violento
que siempre va disfrazado
de virus o diputado.
Yo os presento mi respeto
y este poema discreto
a las fuerzas del Estado.

La batalla de la mascarilla

Ya las lleva tan caídas
que apenas ni se sostienen,
y eficacia ya no tienen
porque están tan escurridas
que se ven envejecidas;
siendo la gran pesadilla
que se arruga en la mejilla
sin dejar alternativa
a tan ruda guerra viva
entre oreja y mascarilla.

Que parecen manteletas
cubriendo un cuello jovial
cuya estética anormal,
quedando como chancletas,
son tus orejas inquietas;
que la mascarilla irrita
porque tira la gomita
que no deja respirar
y nadie puede admirar
tu esbelta cara bonita.

Volando como ala delta
que el aire lleva sin rumbo,
en este verso retumbo
esa mascarilla suelta
que en la oreja da la vuelta
porque la goma perdió,
y el latigazo que dio
el cabello te despeina
tu moldeado de reina
que el viento se lo llevó.

Las orejas escurridas,
grandes como el *manterol*,
ahuecadas como un bol
con estéticas perdidas,
siluetas desvanecidas
y los ojos al vapor
por el vaho a reactor
que va empañando la lente,
y el enfado consiguiente
por este virus traidor.

Maldiciones del virus

Le embrujó su mascarilla
que ocultaba su semblante
y todo el desinfectante
que guardaba esa chiquilla;
siendo de gran maravilla,
de ciego amor lo llenó
hasta que se la quitó;
y al ver su boca sonriente,
faltándole más de un diente,
el amor se evaporó.

Y es verdad que él se arrugó
cual pañuelo desechable,
porque no es reutilizable
el paño que desechó;
con el trauma que asumió
al ver aquellos bigotes,
macizos como lingotes,
decidió, elegantemente,
marcharse afectuosamente
quedando como amigotes.

«¡Mala pandemia!», exclamó,
murmurando silencioso
y un cabreo clamoroso

que jamás disimuló.
Con el susto que se dio
por tan grande frustración
y descomunal traición,
quiso poder escaparse
para al fin poder marcharse
y alejar la maldición.

Verano 21

A la Sanidad, con admiración

Un verano de vacuna
el Cielo quiere brindar
para, por fin, disfrutar
del sol, la mar y la luna,
como la mejor fortuna
que en este año va llegando,
como estrella iluminando
al alma que ciega estaba,
por el virus que no acaba
aunque se vaya alejando.

Quiere el Cielo de verano
acabar con la amargura
que nos acosa y tortura
en un agrio ambiente insano,
cambiando lo cotidiano
por una rara rutina,
clavándose cual espina
que te arrebata la vida,
matando la fe vencida
y dejándonos en ruina.

Se acerca este aire estival
con calima veraniega
para decir que ya llega,
aunque de forma gradual,
la que ha de ser primordial;
para aliviar la quimera
del que espera y desespera
por inmunizarse ya
y aceptar la que será
la vacuna verdadera.

Mas no olviden recordar
a los que aquí ya no están
por culpa de este huracán;
y siempre van a brillar
como hace el sol con el mar.
Igual que brilla ese don
desgranado en vocación,
vaya mi humilde homenaje
al que luchó con coraje
y sanó mi corazón.

A la vida

En esta vida aprendí muchas cosas:
la primera de ellas, a sonreír
aunque sean odiosas
las duras mañanas que he de vivir
y me parten el alma.
En segundo lugar,
a olvidar aquello que me hace daño,
para que, al pasar un año y otro año,
no me sienta como un turista extraño
y náufrago en el mar.
Aprendí a no odiar,
porque odiar es para mí perder tiempo,
y el tiempo es para mí
lo más exclusivo que conseguí:
escribir mil poemas con su tempo.
Guardé silencio a veces
para no sucumbir en una guerra
que solamente genera idioteces
y acaban bajo tierra.
Para encontrar la paz
y la tranquilidad más interior
tuve que ser capaz
de inventarme un ser, alguien superior,
duro, rudo y tenaz.
Aprendí a ser el sol

cuando alguien necesita del calor
buscando una sonrisa en el amor,
precisando un crisol.
Y ahora me encuentro solo,
pero vivo en paz con el Creador,
vivo en paz con quien es mi gran amor.
Vivo en paz, solo en paz.

Sangre y frontera

Las fronteras son cadenas
que el hombre quiere romper
y agrandar así su tierra
imponiendo su poder.

Las cadenas son martirios
que no podremos vencer,
pues la arrogancia se adueña
de todo el anochecer.

La noche es oscura y ciega,
debilita nuestro ser,
y en medio de esa ceguera
nos harán enmudecer.

Las calles arden sangrientas
para hacernos decaer,
con la amarga humillación
de tener que obedecer.

Usan la guerra y el miedo
para hacernos entender
que ellos serán los que mandan
sobre nuestro padecer.

El terror se va imponiendo
con la guerra del Poder,
mientras el Mundo se muere
sin que lo pueda vencer.

Pero en cada amanecida
la luz vuelve a florecer,
soñando con la utopía
del amor como poder.

Las fronteras son cadenas
que el hombre debe romper,
abrazado a la armonía,
en paz, como debe ser.

Sonetillo de un sueño

Una vez tuve un sueño
que olvidar no podría,
soñé que me moría
bajo un cielo abrileño.

Y en mi cantar reseño
mi dulce fantasía:
soñé que llegaría
al gran cielo sureño,

con el dulce sabor
de la dorada miel,
y alcanzar de ese modo

mirar al Creador,
sentarme junto a Él
y dar gracias por todo.

Yo también me iré

Y yo me iré.
Y se quedarán los pájaros cantando:
y se quedará mi huerto, con su verde
árbol y con su pozo blanco.

JUAN RAMÓN JIMÉNEZ

Y un día habré de partir
cuando todo haya acabado.
Quedará algo por hacer,
mas yo me iré, sin embargo,
aunque no esté todo hecho
o haya sido todo en vano.
Yo me iré cuando me toque,
cuando haya sido llamado
por nuestro excelso Creador
para soñar a su lado.
Y si alguien queda ofendido
por alguno de mis actos,
aquí le pido disculpas
y quedar exonerado,
pues, cuando me tenga que ir,
yo viajaré concienciado
de que todo aquello que hice
fue hecho como me educaron.
Algunos querrán llorar,
otros me habrán olvidado.

Yo quiero estar para siempre
con mis versos, admirando
el canto del ruiseñor
y el recuerdo de los campos,
librando del pensamiento
a mi Pueblo atormentado,
y volar sobre los mares
de los cielos encantados.
Y me iré con los poetas
a releer sus poemarios,
conversar con Juan Ramón
caminando con Machado
o recitando con Lorca
el *Romancero gitano*,
y escuchar a don Gustavo,
sus versos enamorados,
gozando de la fortuna
de haber nacido, llorando,
en la tierra de la gloria
que le dio Rodrigo Caro.

A Joaquín Sabina

Si a medianoche, por la carretera,
llegas a la calle melancolía
y ves cómo ha salido ya el tranvía,
aparca justo en la gasolinera

que cerraron por derribo, a la vera
del café de Nicanor, donde iría,
por la carretera de Andalucía,
el pobre Calixto con su quimera.

Tu física y química es lo que quiero
y que venga el hombre del traje gris,
como un explorador que, de algún modo,

venga a aquí por las rebajas de enero,
me invite a un whisky sin soda en París,
para decirle que lo niego todo.

A la Legión

Un glorioso centenario,
de servicio y de lealtad
a su ilustre majestad,
celebra el gran legionario
con el honor legendario
de luchar con la pasión
por defender su nación,
burlándose de la suerte
es «el novio de la muerte»
por siempre, ¡a mí la Legión!

Bella dama

Como el murmullo del blanco arroyuelo
que purifica el alma
y fluye altivo, alegre y cristalino,
con el dulzor que emana la montaña.

Como el fulgor de una armoniosa estrella
que luce en el cielo su estela blanca,
para darle brillo, junto a su luna,
a la fría noche, que oscura estaba.

Como la mar azul,
inmensa luz en calma
que a la arena besa, con sus caricias
de algas y espuma blanca.

Como la tarde que adormece el campo,
cuando el día se acaba,
para darles paso a los blancos sueños
del alma iluminada.

El calor de la hoguera,
aroma a rosa blanca.
Así es esto que siento
cuando tengo cerca a mi bella dama.

Doy por hecho

Doy por hecho que me quiere,
por la forma en que me besa
cuando menos me lo espero,
pues su caricia sugiere
que algo de mí le interesa,
tal vez, un simple «te quiero».

En mi alma vive presente
el brillo de su mirada
aguardando un dulce verso,
con sonrisa sugerente
y una fuente enamorada
que acapara mi universo.

Doy por hecho su amistad
como buena confidente
que aconseja, siempre amable,
sellando su lealtad
por encima de la gente,
a veces tan miserable.

Pero también doy por hecho
que hay que seguir cultivando
la semilla del amor,
como al igual que el helecho

siempre se debe ir regando
aunque no esperes su flor.

Porque nada hay conseguido
en asuntos del querer,
no se puede dar por hecho
que el amor haya vencido,
porque lo puedes perder
quedándote tan maltrecho.

Debo ir una y otra vez
a conquistar ese brillo
que encendió mi corazón,
y llegar a la vejez
con el mismo «pellizquillo»
que avivó nuestra pasión.

Das por hecho

Das por hecho que te quiero
porque me ves cada día,
con tus ojos de alegría
y nuestro abrazo sincero.

Das por hecho que te quiero
porque te mando algún verso
que complete tu universo
lleno de amor verdadero.

Das por sentado mi amor
por esa lluvia de besos
que calan hasta los huesos
con tu fragancia y frescor.

Cierto es que por ti yo muero
en mi nube de algodón,
entregando el corazón
de tu alma, prisionero.

Mas no es imperecedero
y se puede marchitar,
si no lo sabes cuidar
como al verde limonero.

Y si es tu amor verdadero,
cuidándolo cada día
con tus ojos de alegría:
¡da por hecho que te quiero!

A una barca

Una barca en La Caleta
en la arena está varada,
esperando a ser llevada
por esa espuma que inquieta,
la acaricia y la enrabieta
porque navegar quisiera
si por sí sola pudiera
de La Caleta a la mar,
y con sus peces jugar
a ser la mejor naviera.

Ella es coqueta y salobre
con aires de carnaval,
pintada en el arrabal,
de un cielo de plata y cobre
que, aunque en los mares zozobre,
coplas le van a cantar,
para verla navegar
y que juegue con sus peces,
tantas y tantas las veces
que le permita la mar.

Una sonrisa inocente

Una sonrisa inocente
podría ser suficiente
para enterrar mi quimera;
esa arruguilla en su cara
es la esperanza que ampara
mi certeza verdadera.

Mi dulce y noble verdad
rebosa sinceridad,
luz, dulzura y fantasía
plena de amor y de paz,
donde solo ella es capaz
de cultivar mi alegría.

Su sonrisa es tan bonita
que a mí las penas me quita
y libera las espinas
que se quedaron clavadas,
como espadas despiadadas
que convierte en clavellinas.

Clavellinas de colores,
su risa es un mar de flores
que armonizan el color
del día más malo y gris,

de algún lejano país
al que le da su fulgor.

Su sonrisa interminable,
con esa mirada amable,
me hace sentir tan feliz
que pierdo de vista el norte
y el tiempo ya no me importe,
con mi dulce emperatriz.

Pues su sonrisa inocente,
confortable y elocuente
confluye en la inspiración
de estos versos tan sencillos,
como aquellos cantarcillos
que alegran el corazón.

Un río de vida

En el cauce de un gran río
se reflejan los paisajes
que definen nuestra vida,
con sus bosques y sus aves
subiendo montaña arriba
hasta donde el río nace,
ofreciendo clara y fresca
la virtud que el agua trae
dulce, blanca y cristalina,
con ápices esenciales
para trazar nuestra vida,
como versos celestiales.

En el caudaloso río
que baja serpenteante,
las alegres golondrinas
hoy no quieren acercarse,
pues cuando viene revuelto,
ellas temen el ahogarse
y buscan la orilla calma
donde poder refrescarse
continuando con su vuelo
firme, suave y elegante,
abrazándose a los cielos
en su noble vida errante.

Nuestra vida es un gran río
que nos conduce a los mares,
donde seremos salobres
a pesar del dulce viaje
que el paisaje nos ofrece
con sus regalos florales
navegando entre los peces,
bajo el cielo de las aves
que conviven con nosotros,
en la ruta apasionante
que nos depara la vida
desde el monte hasta los mares.

Sueña

Sumérgete en un buen sueño
para lanzarte a volar
o echarte libre a la mar
y del aire ser el dueño.

Que no decaiga el empeño
de la ilusión por triunfar,
y así poder alcanzar
esa plenitud de ensueño.

Respira ese aire abrileño
endulzado en azahar,
sin dejar de caminar
sobre el mundo salobreño.

Marca tu propio diseño
de lo que quieras bordar,
y no dejes de pintar
aquel perfil halagüeño.

Aunque te sientas pequeño
en la inmensidad del mar,
nunca dejes de soñar
¡y vive tu propio sueño!

Sobre la amistad

A mi amigo Rafael Pérez

Una vez leí
sobre la amistad
que es todo bondad
y estar siempre ahí.

Pude ver en ti
respeto y verdad,
sones de «Piedad»
y estar siempre aquí.

De esto no sé mucho
porque no aprendí,
se puede decir,

pero a ti te escucho
y, al tenerte aquí,
puedo presumir.

He contado ya en «taitantos»,
ese tiempo que ha pasado,
buen amigo.
Momentos buenos son tantos
que en los malos no he pensado
ya te digo.

Si es que malo hubiera alguno,
que con ese corazón
generoso,
no pienso que haya ninguno,
si acaso, mucho tesón
bondadoso.

Me hiciste buen camionero,
compañero de un asfalto
de ilusión,
con tu sentir costalero,
no me extraña tu gran alto
corazón.

Ofrece consejo y mano.
          Hermano.
Tal cual lo sé, así lo muestro.
          Maestro.
Te da aliento, pan y trigo.
          Amigo.
Quiero decirte y te digo,
cuando inicio mi sendero:
siempre serás compañero,
hermano, maestro y amigo.

Sal y sol

¡Que si no llueve, sequía!,
¡con cuatro gotas, arriados!,
¡que con la luz, asustados!
¡y con el gas, otra guerra!
¿Estado de bienestar?
Si nadie pone remedio
ni nos libran de este asedio,
acabamos bajo tierra.

Maldita desaladora
que no me quiere endulzar
el agua que ha de regar
el olivar y la rosa.
Maldito embalse pequeño
que en cuanto llueve está lleno
y hay que aliviarlo de pleno
porque revienta y rebosa.

Los políticos ineptos
solo quieren el dinero
con la espalda del obrero
que no quieren jubilar.
¿Y qué hacen con nuestro sueldo?
Llevárselo calentito,
viviendo bien a gustito
y sin querer gobernar.

Es tan solo un pensamiento
de mi tremenda ignorancia,
que nadie le da importancia
por mi humilde formación,
pero creo que ya es hora
de empezar a reclamar
nuestro ansiado bienestar
sin miedo a la frustración.

El río

Vienes en busca del mar
cuando tu agua es la más dulce
que, para beber, yo quiero,
donde reflejas las nubes
que se asoman para verse
en el espejo que fluye
por esa montaña abajo,
la misma que te conduce
y te convierte en salobre
de la mar que tú presumes.

Y en tu caudal ya glorioso
las nobles rocas relucen
con orgullo, el mineral,
que al pasar vas dando lustre
y singular colorido
a un paisaje que descubres
entre Sierras y riberas
y te realzan, ilustre,
con tu rico manantial
que en tu frescura perdure.

Interminables siluetas
por las montañas sucumben
en la inmensidad del mar

bajo los cielos azules,
o entre noches estrelladas
recorres desde las cumbres
dando vida a la arboleda
que engrandece las virtudes
de la gran Naturaleza:
nuestra Madre indisoluble.

Romance del jilguero

Vive el jilguero un romance
con su trino arrollador,
con una esbelta canaria
y su canto abrumador.

El jilguero y su plumaje
presume como tenor,
de su alegría en el aire
dándole vida a la flor.

Revolotea nervioso
con su trino encantador,
cerca de la blanca jaula
con valentía y pundonor.

La canaria por su parte
deslumbra con su color,
se regocija en su timbre
y en su amarillo fulgor.

Mas ella juega al despiste
con su canto abrumador,
posándose alegremente
en su palo expositor.

El gorjeo delirante
de este jilguero cantor
quiere captar la atención
de su diosa del amor.

Seamos como el jilguero
con elegancia y honor,
viviendo un dulce romance
con la vida y su sabor.

Vistan sus mejores galas
y esparzan todo el color,
para que el aire lo aspire
y absorba vuestro calor.

Abracen la paz soñada
con nuestro canto mejor,
educación y respeto,
pero, sobre todo, amor.

Al engaño

Tengo ya tanto guardado
en mi despiadada mente
que solo vivo un presente
muy sereno y sosegado.

Veo al infame ganar
el encanto de la gente,
con la mentira inherente
a su ego interestelar.

Tiene ya tanto vivido
este, mi cuerpo paciente,
que ya no oye al insolente
cuya palabra es olvido.

¿Acaso alzando tu voz
te conceden la razón?,
o ¿será tu afirmación
alguna mentira atroz?

El insulto está presente
para imponer «su verdad»,
con gotas de vacuidad
de su ilusa y necia fuente.

En tus palabras no creo,
pues los hechos te delatan
y tus acciones constatan
lo que, en verso, yo planteo.

Veo un afán indecente
de quien quiere dominar
a costa de promulgar
su mentira recurrente.

Tengo ya tanto guardado
que está vacía mi mente
y, aunque parezca indolente,
detesto al maleducado.

Las mieles del alma (I)

El alma noble se apasiona por las cosas honestas.

SÉNECA

Eso que es tan natural,
exquisita y saludable,
rica en lo fundamental
y de un aroma agradable.

A veces elemental
y medicina curable,
sin duda, fenomenal,
de pureza inagotable.

Sensaciones especiales
que los labios agradecen,
cuando llegan pasionales
los besos que resplandecen.

Ellos vienen a endulzar
con sus mágicos nutrientes,
llenos de aire y bienestar
como acacias florecientes.

Ese buen néctar dorado
que vuela hasta las colmenas,
termina saboreado
como almíbar quitapenas.

Llegas a sentirte bien
con la sensación de calma,
porque enriquece también
eso que llamamos ¡alma!

Las mieles del alma (II)

Algunas veces, la vida es amarga,
o te suele golpear duramente
hasta que te deja casi demente
y no soportas su apretada carga.

Solo a veces, la tristeza se alarga
porque no eres lo bastante consciente
de que exhalas el amor suficiente,
que te protegerá como una adarga.

Cuando vivimos estas sensaciones,
buscamos endulzar el devenir
en nuestro interior, de la ansiada calma,

liberando todas las emociones
para volver, de nuevo, a resurgir,
saboreando las mieles del alma.

Las mieles del alma (III)

Cuando dos almas se juntan,
dos corazones sucumben
al amor,
mientras los cielos barruntan
sortilegios que derrumben
el horror.

Es curiosa esa armonía
entre el color y el afán
de las rosas,
por llevar esa alegría
que todos le llamarán
mariposas.

Cosquilleos que renacen
como si fueran burbujas
de champán,
que en los adentros se esparcen,
punzándoles como agujas
de alacrán,

despertando unos sentidos
que dormitaban tranquilos
y olvidados,
en esos bosques floridos,

como almendros clorofilos
y encantados.

Una eclosión de colores
navega sobre la mar
más salada,
y riega por los albores
las mieles para endulzar
su mirada.

Cuando late un corazón
junto al alma embelesada
en su amor,
siente la inmensa pasión
de una vida enamorada
en su honor.

¡Ojalá sirviera!

¡Ojalá! sirva mi verso
para mejorar el mundo,
pues me parece iracundo
y en ocasiones perverso.

La falta de humanidad
y la soberbia de algunos,
arrogantes importunos
que envilecen, con maldad,

el regalo más preciado
que nuestra Naturaleza,
la Madre de la belleza,
con gusto nos ha donado.

Quisiera sentir mi verso
en los grandes corazones,
y las hermosas canciones
que envuelven el Universo

de esas estrellas fugaces,
que cumplen buenos deseos,
y en el alma son trofeos
de estos poemas vivaces,

que hablan de un mundo mejor,
justo, noble y solidario,
en el que ser partidario
del respeto y del amor.

A primera hora

A primera hora del día,
comienza una nueva vida,
una esperanza encendida
de radiante brillantez,
que con el frescor del alba
nos llenamos de energía,
fortaleza, armonía
y lúcida sensatez.

Cuando florece la aurora
con fulgores de bondad,
nos da otra oportunidad
para empezar a vivir,
elaborando los sueños
que encadenan, con belleza,
las musas que en la cabeza
nos animan a seguir.

¡Hay que seguir adelante!,
con firmeza, valentía,
fortaleza y osadía
para vivir con pasión
el dorado atardecer,
con la experiencia vivida
y la esperanza encendida
en cada buen corazón.

Porque llegará la noche
tiñendo de negro el cielo,
provocando un triste duelo
entre el poema y la mar,
pues, al cerrar nuestros ojos,
todo se habrá terminado,
y lo que hemos caminado
en el alma ha de brillar.

Con esperanza

Con afecto, a la familia de Marta del Castillo

Y la seguirán buscando
porque es su niña del alma,
la rosa de su jardín,
rocío de sus mañanas,
el único pensamiento
que en sus corazones habla.

Y la seguirán buscando
por la tarde y hacia el alba,
como quien busca una estrella
en el cielo y sus entrañas,
allá entre las altas nubes
o en las más grandes montañas.

Bajo los cauces bravíos
que riegan la mar lejana,
en los fríos descampados
o en las mariposas blancas;
siempre seguirán buscando
a su pequeña del alma.

Pues nunca se hará justicia
hasta hallar su rosa amada,
y todos serán culpables
por sus políticas vanas,

si se olvidan del honor
y la delincuencia amparan.

Debemos seguir buscando
hasta poder encontrarla,
para que cumplan condena
con las cadenas amargas
los que pararon la vida
de la azucena más blanca.

Con mi abrazo yo quisiera,
colmar de toda esperanza,
a esa familia valiente
que de buscar no se cansa,
y son ejemplo de fuerza:
porque todos somos «Marta».

Amor y mar

Frescor azul de la mar
que coloreas el cielo,
yo quisiera respirar
tu brisa de caramelo
para poderte soñar.

Quiero sentir tu frescor
saludable en yodo y sal,
curativo en el amor,
con su aroma colosal
y tu cielo inspirador.

Acaricio las arenas
por tus playas, descalzado,
sintiendo las sales buenas
que me curan del pasado,
soñando con lunas llenas.

Y en los besos de la mar
quiero morirme tranquilo
para volver a soñar,
con mi corazón en vilo
tu dulce forma de amar.

A un cuello oculto

Era un cuello inexistente
en una extensa cabeza,
llena de pelo y maleza
y una gigantesca frente.

Parecía buena gente
a pesar de su rareza,
careciendo de *pescueza*
y su nariz prominente.

De complexión, doblemente
ancho, nada de simpleza,
que con desgano y flaqueza
sonreía amablemente.

Caminaba torpemente
descentrado y sin firmeza,
aunque exhortaba agudeza
visual y olfativamente.

Lo buscaban, raramente,
por su afamada pereza
y escaparse con destreza
del trabajo deprimente.

Era un cuello inexistente
en una sabia cabeza,
que pensaba con grandeza
mofándose, sutilmente,

de todos los que, cruelmente,
prendían su fortaleza,
riéndose de su tristeza
e ignorando su gran mente.

Noche serena

En esta noche serena y tranquila
un cosquilleo incesante e inquieto
en mi estómago, pletórico y prieto,
me quita el sueño mientras aniquila

la paz y el sosiego de una pupila
que se aferraba a un sueño discreto,
por un gas, decidido a dar boleto,
que ni la manzanilla ni la tila

serían capaces de apaciguar
lo que ya no es una noche serena
ni rebosante de tranquilidad.

Esta noche de ruido y malestar
dejaré descansar a la Maizena,
y tomaré Almax en gran cantidad.

Las moscas

Las moscas van trajinando
su propia supervivencia,
y aunque viven con paciencia,
solemos seguir pensando
que nos están molestando
con sus pesados zumbidos
cerca de nuestros oídos
en busca de su sustento,
cuando, en nuestro descontento,
andamos tan confundidos.

No la queremos muy cerca:
¡a saber de dónde vienen!,
o ¿cuánta autoridad tienen?
para beber de mi alberca
el agua para la puerca,
que voy criando con tesón,
y vuelan en aluvión
a beber más agua fresca,
con endiablada, grotesca
y osada animadversión.

Fco. Jesús Caro Crespillo

La mosca es un bicho malo
con vergüenza más bien poca,
igual se posa en un palo
que se te mete en la boca.
A veces es un regalo,
te persigue como loca
y te larga un varapalo
que no es ninguna bicoca.
Si el cabello tienes ralo
y a la cabeza le toca,
no te vale el acorralo
y el humor se te disloca.

B. de P.

Política o amistad

Solo una cosa te pido,
amigo, de corazón,
que no te absorban los vientos
del charlatán bravucón,
con sus argumentos agrios
por seguir en un sillón
donde se entronizan todos
cerquita del gran cajón,
de tamaño insospechado
con temible tentación.

Considero la amistad
como la única razón
que debe estar por encima
de esta injusta sinrazón
que mal llaman democracia
por ponernos la ilusión
en las urnas cristalinas
que distraen la atención
de una verdad manifiesta
plagada de corrupción.

Por nuestro mundo

Si esta sociedad quisiera,
tendría un mundo mejor,
si abandonase el error
de vivir de esta manera.

Si olvidara la quimera
aparcando su rencor,
y dejar el mal humor
enterrado en la ribera.

Si esta sociedad quisiera,
vivir sería un primor,
alejado del terror
del tirano y su ceguera,

endiablada guerrillera
que destruye con horror
aquello que, con amor,
construyeron, con solera,

una sociedad sincera
que, con justicia y honor,
quiere en paz y con fervor
escapar de la trinchera.

Si esta sociedad quisiera,
se acabaría el dolor,
no existiría el rencor
ni la soberbia siquiera.

En color de primavera,
con aroma de la flor,
llegaría el esplendor
si esta sociedad quisiera.

¡Querida felicidad!

¡Ojalá! fueras semilla
para poderte plantar
y regarte cada día,
querida felicidad.
Que tus raíces se extiendan
por el mundo terrenal
y florezca una arboleda
con aromas de amistad.

¡Ojalá! fueras un río
con abundante caudal,
y que el dulzor de tus aguas
traiga sabores de paz,
para que esparza regando
las semillas de bondad,
que este mundo necesita,
querida felicidad.

¡Ojalá! fueses, mi amiga,
eterna, noble y juncal,
pero es un duro camino
el que se debe cruzar,
largo, empinado y rocoso
y cargado de crueldad,

para alcanzar esa cumbre
con la brisa de la mar.

¡Ojalá! fueras eterna,
querida felicidad.

Reflexiones en un hospital

Siendo tan corta esta vida,
para algunos tan fugaz,
y no poder ser capaz
de atrapar esta estampida,
que te regalan servida
para poderla gozar
abrazarla y disfrutar
de todos esos momentos
con sus buenos sentimientos
y no dejar de brillar.

Si alguna vez

Si alguna vez mando yo,
muchas leyes no pondría:
la primera, antes que *to*
el baile por bulería,

pues lo creo necesario
con ilusión desmedida,
para el mayor escenario:
el *tablao* de la vida.

Pero si quieren más leyes,
aquí dejo la segunda:
vivir como grandes reyes
y que nuestro ejemplo cunda.

Para vivir como un rey,
no te hacen falta *jurdeles*;
solo un alma de carey
coronada de laureles.

Tercera disposición
si gobernar yo pudiera:
amar, por obligación,
como ama la primavera,

porque es la única estación
que nos ama de verdad,
con su gran coloración
y el brillo de la bondad.

Por poner alguna más,
yo prohibiría el rencor,
porque este es el Satanás
que va arruinando el amor.

Y vivir en libertad,
con respeto, educación,
impulsando la amistad
como en esta reflexión.

Suspiro triste

Suspiras en soledad
porque te sientes muy triste,
pues recuerdas que quisiste
esa magia que perdiste
por cándida ingenuidad.

Y no encuentras compañía
en la extensa multitud,
te encierras en tu «ataúd»
olvidando tu salud,
al mundo y a su armonía.

Y no hay respuesta posible
a la amarga soledad,
marginada y sin piedad,
que impone esta sociedad
con su tortura impasible.

Yo suelo mirar al Cielo
para llenar de bondad,
un alma que, en soledad,
se aísla, por vanidad,
para amar sin desconsuelo.

Viento y vida

Quisiera ser como el viento
y volar junto a las olas,
besarte en cualquier momento
y abrazar las amapolas.

Aire fresco en movimiento
entre las olas del mar,
colmado del sentimiento
que en tu alma quiero inundar.

Ábrego suave y sereno,
iré silbando a los sueños
que hablan de un futuro bueno,
con momentos halagüeños.

Acariciando los ríos
con mi libre pensamiento,
como los campos baldíos
ajenos al sufrimiento.

Anunciando tempestades
o empujando algún velero,
y arrojar las vanidades
al más grande vertedero.

El agua nos da la vida
y me alivia del tormento
que me causa esta caída
y me ahoga en sufrimiento.

Volar sin alas quisiera,
para elevarme sin miedo
al cielo de mi quimera,
sellando de amor mi credo.

Y cuando sea la estrella
que brille en tu firmamento,
tú seguirás siendo bella
y yo, un recuerdo en el viento.

Madre Tierra que me llevas

Madre Tierra que a la tierra me llevas,
ayúdame a gozar en esta vida
del sol, la lluvia y experiencias nuevas.

Cuando llegue mi obligada partida,
quisiera irme tranquilo y convencido
de que mi labor quede bendecida.

Y así, cuando mi cuerpo ya se haya ido,
permanezcan en el aire mis poemas
que mi corazón haya transmitido.

Porque entender nuestros grandes dilemas
requiere de una astucia literaria,
que el verso nos ofrece en teoremas.

Quiero que mi escritura solidaria
llegue a los confines de nuestra Tierra,
y emerja la flor revolucionaria.

Pues busco esa flor que pare la guerra,
los genocidios y las corruptelas,
donde la noble libertad se entierra.

Mi verso anhela curar las duquelas
que provocan la soberbia, la envidia,
y al alma le dejan graves secuelas.

Voy navegando contra la perfidia
con las armas que me dicta el respeto,
y alejar al diablo de la desidia.

Con este ritmo humilde y discreto
quisiera profesar un pensamiento
libre, de ensueño nítido y completo.

Y cuando de mí no quede un sarmiento,
entregad mi cuerpo a la noble ciencia
para aliviar a alguien su sufrimiento.

Las glorias, en vida

¿Por qué esperamos a la amarga muerte
para exaltar nuestra gloria bendita?
Una vez muerto, ¿quién lo necesita?
¿Por qué un halago, si no puedo verte?

¿Por qué un perfume, si no puedo olerte?
¿Para qué una palabra tan bonita
cuando la blanca flor yace marchita
sin el dulce aroma que la despierte?

Seamos con la vida consecuentes
encumbrando ahora a nuestros hermanos,
colmándolos de gloria merecida.

Sirvamos de inspiración a esas mentes
de los grandes artistas soberanos,
dedicándoles las glorias, en vida.

Pues si es engrandecida
la buena cultura vendrá a aportar
riqueza, valores y bienestar.

Los besos del Cielo

Sus besos caen del Cielo, como agua
que hidrata al campo.

Aunque no saben igual,
yo los sigo recreando
en mis sueños candorosos,
mientras siento un dulce abrazo
 entre agradables caricias
y un «te quiero» susurrado,
en la brisa más hermosa
que me agarra de la mano
para llevarme a la Gloria
con sus besos recordados.

Esos imborrables besos
con el suave aroma a talco,
 se quedarán para siempre
en mi corazón, anclados,
perfumando eternamente
como el bello olor a nardos,
y aquel frescor de los cielos
que acuden, cual cada año,
para decirme en mis sueños
que siempre están a mi lado.

Esa lluvia inesperada,
son las lágrimas que guardo
en un cajón de recuerdos,
que en mi alma he fabricado
con los momentos vividos
y a los que sigo añorando,
con la nostalgia en mi verso,
como el que sigue esperando
el dulce beso del Cielo
para apaciguar mi llanto.

La sonrisa de mis niños,
una mirada entre hermanos,
el calor de la familia
y el recuerdo acurrucado
son los grandes ingredientes
que mantienen abrazados
el sabor de aquellos besos,
límpidos e inmaculados,
que siempre darán primero
los que al Cielo se marcharon.

La paloma

La zurita quiso ver
que en el agua faenaban,
con grandes redes pescaban
lo que ella sueña comer.

Gaviota quería ser
mirando cómo volaban
y que en su pico llevaban
manjares de gran placer.

Mi tórtola que vigilas
con picaresca infinita
pescando en mar salinera,

vas surcando aguas tranquilas
volando por mi barquita
¡entre arena chipionera!

La torre y su río

Tiene mi Pueblo una torre
a la orilla de su río,
donde baila, salta y corre
bajo un sol de oro *molío*.

Tiene mi Pueblo en su torre
un gran tesoro escondido:
una historia que recorre
sevillanismo fundido.

Se mira esta noble torre
en el espejo del río,
y en su reflejo socorre
la pena del Pueblo mío.

Allende de ser hermosa
con su Alcázar, protegido,
es de Sevilla la rosa
de su jardín preferido.

Hay una torre en Sevilla
esculpida en oro fino,
con un alma tan sencilla
que encandila a lo divino.

Sevilla tiene un tesoro
donde soñar es vivir:
su excelsa Torre del Oro
junto al gran Guadalquivir.

La Isla bonita

Ríos de lava achicharran mi mente
mientras ruge fuerte el duro volcán,
con lenguas de fuego, hambre de caimán,
tragándose la vida lentamente.

Es mi rabia, el dolor de mucha gente
que ve, como un castigo de Satán,
las cenizas sobre el catamarán
que jugó a ser delfín alegremente.

Llora el alma por ese pedacito
de cielo, que cubre el gran paraíso
de las esbeltas islas milenarias.

En mi corazón se quedará escrito,
que serás por siempre lo que Dios quiso:
la niña bonita de Las Canarias.

Naturaleza y Pueblo

Ayer se murió mi verso
entre llanto, barro y pena,
y el duelo de mis hermanos
hundidos por la tormenta;
pues ya no encuentro consuelo
para componer poemas,
a quienes ya nada tienen
por esta «Dana» violenta.
Murieron tristes los versos
que emanaban de mis venas,
bajo el duro y sucio barro
que arrasó vidas enteras.

¿Y cómo puedo ayudarte?
si hasta el habla a mí me tiembla
cuando miro a tu semblante
cargado de rabia y pena.
Si yo pudiera ayudarte
con el verso de un poema,
dictaría mil romances
con la sangre de mis venas.

Quiero poder ayudarte,
mas ¿tú sabes mi problema?,
mis manos ya no responden
porque perdieron su fuerza.
Ya solo puedo escribir
con rabia, lamento y pena,
lo que dicta el corazón
de este humilde poeta.

¡Que se acaben los lamentos!,
¡que se aparten las tinieblas!,
que mi Pueblo está curando
los daños de la tormenta.
¡Que la política calle!,
¡que no malmeta la prensa!,
¡porque el Pueblo soberano!,
ya no soporta *ojanetas*.

Y yo quisiera pedirles
a aquellos que nos gobiernan
que escuchen cuando nos habla
la Madre Naturaleza.

A Lepe

Desde Aroche hasta Ayamonte
con la brisa de Aracena,
llega un fandango alosnero
dando sabor a mi Huelva,
que absorbe Lepe y La Antilla
por los campos de la Fresa.

Es de Lepe la alegría,
que el poeta saborea
en la orilla de sus playas,
con su brisa marinera
en el azul infinito
y sus blancas callejuelas.

Las olas regalan paz
al calor de las estrellas,
con la pura devoción
que los leperos profesan,
con alegría y pasión
a su Virgen de La Bella.

Bendita ilusión

Con calor, para mi gran amigo
Francisco Jesús Caro Crespillo

Feliz aquel que logra lo que quiere
en premio a su labor y su constancia,
nada importan el tiempo y la distancia
cuando se llega al fin que se sintiere.

Este afán de lograr lo que quisiere
alcanza en su sentir, preponderancia,
y es tanto su valor y su importancia
que busca, con afán, lo que prefiere.

Cuando el verso se rinda y te acompañe
y se entregue a tu antojo, sin medida,
el sueño del deseo queda cumplido.

¡Que tu Musa genial nunca se empañe!
y que al correr los años de tu vida
logres, al final, lo que has querido.

Loor, ¡sé bienvenido!
En el mundo del verso está la Gloria,
¡dichoso todo aquel que lo hace Historia!

Benjamín de Petra

Índice

¿Te ha gustado este libro?

Si estas páginas te han emocionado, hecho reflexionar o simplemente acompañado, **tu reseña sería el mejor regalo para el autor**. Cada comentario sincero alimenta su pasión por seguir escribiendo.

Comparte tu experiencia:

En tus redes sociales
Una foto de la portada con tu opinión puede inspirar a otros lectores a descubrir esta historia.

En las redes sociales del autor
Déjale un comentario. Saber que su trabajo ha conectado con alguien es lo que más feliz hace a un escritor.

En nuestra web de Ediciones Pangea
Tu reseña ayudará a otros lectores a descubrir nuevos mundos y aventuras literarias.

Con familiares, amigos y otros lectores
El boca a boca sigue siendo la recomendación más poderosa que existe.

Tu opinión auténtica, larga o breve, cuenta. Tu recomendación puede encender la pasión por la lectura en otra persona.

¡Gracias por formar parte de esta comunidad de lectores!

Ediciones Pangea

Esta edición de *Alma, corazón y verso,*
de Francisco Jesús Caro Crespillo,
terminó de imprimirse en octubre de 2025.